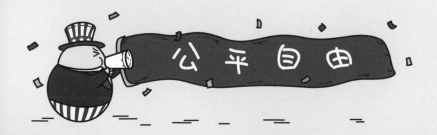

從三國的帝國崛起看世界

《非普通三國：寫給年輕人看的三國史》作者　普通人

在推薦《國家是怎樣煉成的》之前，請先讓我稍微聊聊我所熟悉的三國。

三國時代經由無數的二次創作推波助瀾，成為最被大眾所認識的中國歷史，然而在悠悠的歷史長河之中，三國只不過是在大一統的東漢帝國走向魏晉南北朝大分裂之前的一段過渡期。在這短暫且激烈的時代，從各地蜂起的群雄割據，漸漸整併成曹魏、蜀漢、孫吳三個帝國鼎足天下。

魏、蜀、吳三國的形成原因，各有各的機緣巧合。曹魏先以過去東漢帝國的權威做為號召，再以帶有神祕色彩的「天命」之說，進行以魏代漢的政權更替；蜀漢則是將目標訂為「復興漢室」，立志重返昔日漢帝國的榮耀；孫吳仰賴的則是家族長期經營爭取認同，再效仿曹魏用虛無飄渺的天命論，強調自身政權存在的正當性。

由於不同的理念、不同的環境、不同的際遇，因而造就出截然不同的國家性格。短短不到百年的三國時代就已經有著如此差異，更遑論若將視野放大到整個人類歷史，那更是千變萬化，不可窮極。

　　《國家是怎樣煉成的》這套書，正是將其中的精彩與奧妙呈現給各位讀者。作者賽雷老師總共挑選二十五個至今存在的國家，以最簡明扼要、生動有趣的方式來訴說他們為何而生、未來何去何從的故事。

　　讀完《國家是怎樣煉成的》後，令我想起二〇〇六年中國中央電視臺製作了一套紀錄片《大國崛起》。節目裡頭介紹九個自人類地理大發現後至今，陸續在世界引領風騷的國家。然而《大國崛起》的製作邏輯基於對「中國夢」的期待，依舊著重在傳統認知到在軍事、經濟、政治制度上積極影響世界的那種強大。

　　《國家是怎樣煉成的》全套三冊所介紹的二十五個國家，也同樣是當今世界上的「大國」，但《國家是怎樣煉成的》詮釋下的大國，卻是可以分成很多層次的。

　　有挾帶著古文明光輝，今日力圖重返榮耀的大國；有因人類技術飛躍進步應運而生，至今仍發揮相當影響力的大國；有曾經興盛，但現在前途迷茫的大國；有從原先只是殖民地，獨立後慢慢走出一條康莊大道的大國；有現實條件上諸多限制，但憑藉各種科技與制度的精進，另外殺出重圍的大國。

　　既然國家的誕生緣由各有不同，那麼國家的強盛當然也會有多元的形式。你使你的屠龍刀，我要我的打狗棒，大家百花爭豔、各有巧妙。這是身為生長在臺灣的我，在《國家是怎樣煉成的》這套書中得到的最大收穫。

　　當然若沒有什麼太多考慮，只是單純抱著求知的心情，快速輕鬆地認識各個國家的歷史發展軌跡的話，《國家是怎樣煉成的》會是一個非常好的選擇。

一趟深入淺出的歷史巡禮

鄉民推爆網路人氣說書人　**黑貓老師**

常常有網友會來問我：「老師，有沒有推薦給新手的入門歷史書呢？」

這種信裡面的「新手」有兩種可能：第一種是指這個人雖然有在看書，但之前沒看過歷史題材的書；第二種則是指平常就沒什麼閱讀習慣的人。

對於這兩種人，我的書單是完全不一樣的。

為什麼不一樣呢？

老實說，歷史題材的書，內容深度可輕可重，輕一點的可以讓人像是在讀故事書，敘述節奏輕快又精彩，讓人一頁接一頁地看，看完一個章節就可以讓讀者約略了解一個歷史事件的來龍去脈，以及它對人類、國家造成的影響。

但是也有些歷史書非常硬派，一整本幾千頁的內容都只對你聊一件事，鉅細靡遺地把所有從歷史文件中挖出來的資料全部整理給讀者，像這種充滿大量資訊與考據的歷史書，如果讀者不是深度歷史迷、軍武迷，沒有大量閱讀過相關主題的話，往往根本看不完整本書，買了就是放進書櫃做收藏，哪天在網路上發文章或和人筆戰的時候才會拿出來找資料。

對於現代人來說，錢有限、時間有限；對於一個愛書人來說，書櫃的空間也有限。

　　所以買書也要認真挑選自己喜歡、適合的書,「要買哪一本書」這件事本身就是一件需要認真做功課的事。

　　於是我們回到一開始的問題:「老師,有沒有推薦給新手的入門歷史書呢?」

　　這套《國家是怎樣煉成的:三分鐘看懂漫畫世界史》就是答案了。

　　市面上歷史普及的書愈來愈多,但這一套特別不一樣。它不但深入淺出,更有著大量幫助讀者理解的插圖與漫畫,將許多國家建國與發展的歷史利用擬人的方式整理成懶人包,敘事手法幽默,人物可愛逗趣,讓這套史普書不但好看,讀起來毫不拖泥帶水,一頁接著一頁停不下來,就像是在看電影似的,完全沒有讀其他歷史書時容易出現的煩悶感。

　　看完這套書,就可以了解現在世界各個國家是怎麼從零到有,建國時有什麼樣的心路歷程,最後又是怎麼樣發展到現在的規模。探索這些過程往往充滿驚奇,你會發現,就算是大如美國的世界霸主,都曾經只是小小的殖民地,有著弱小的曾經,有著跌跌撞撞的過去,甚至還有許多國家是陰錯陽差登入世界舞臺的呢!

　　大部分新聞上會出現的國家,這套都有,三分鐘一個,全套書有二十五國,從此以後,不論在什麼場合看到國際新聞,信手拈來就是一段精彩又爆笑的歷史故事,馬上讓你營造出博學多聞的氣場,從頭到腳都噴出芬芳的文藝氣質,成為眾人欽佩的知識分子。

　　總而言之,《國家是怎樣煉成的:三分鐘看懂漫畫世界史》是一套適合任何人的歷史普及書,對於剛剛開始想要了解歷史的新手、對於喜歡快速有效地獲取知識的現代人來說,更是一套不可多得的好書,別猶豫了,快帶一套回家。

前 言

　　為什麼美國可以成為全球制霸的超級大國呢？毒梟當道的墨西哥，前身居然和神祕的馬雅文明有關？阿根廷除了足球還有什麼？戰鬥民族俄羅斯為什麼好像天不怕地不怕？希臘神話就是希臘的歷史嗎？埃及法老也流行造神運動？南非種族歧視的程度居然能讓美國認輸？澳洲以前竟然是座超大型監獄……

　　微信百萬粉絲作者、知乎十萬粉絲大Ｖ「賽雷三分鐘」，用生動幽默的漫畫帶給大家最爆笑易懂的歷史故事。本系列涵蓋世界各國從古至今的發展史，讓你在歡笑聲中，輕輕鬆鬆熟悉國家的起源，是你了解世界歷史的不二選擇。

目錄
CONTENTS

1

美國
America

大家肯定看過這樣一句話，「如今的世界格局，是一個超級大國＋N個強國」，超級大國就是美國，不管是比錢包深，還是比拳頭硬，大家都不如美國。

更厲害的地方在於，他一七七六年才建國，在中國幾千年文明面前就是個小鮮肉。可是他只花了兩百多年，就發展成超級大國。

究竟怎麼做到的呢？

今天，就讓我們好好了解一下美國的歷史！

很久以前，在遙遠的美洲，有一群土著過著悠悠哉哉的日子。

啟程！這一刻起，我將名留青史！

然而有一天，一位名叫哥倫布的人，在西班牙女王的資助下，奉命出發尋找連接亞、歐的海上航線。

誰知道哥倫布是個路痴，一下子撞到這片未知土地上，而且這傢伙還堅信自己到達的就是印度。

哎呀，開太快了，沒煞住！

哦！這個裝扮……這個膚色……這裡肯定是印度沒錯了！

印度根本就沒有你們說的那麼好，那裡的女人窮得連衣服都沒得穿！

哥倫布印度之旅

哥倫布回到歐洲後，到處吹牛，說自己到達印度，搞得歐洲人都以為印度是個鳥不拉屎的地方。

另一位探險家根據哥倫布的航線到達所謂的印度後，經過對比發現，哥倫布其實一直在胡說。

後人為了紀念這位打假英雄，就用他的名字來命名新大陸——

America，美洲大陸。

嚴厲打擊假冒偽劣和詐欺行為

哥倫布根本就是個大騙子！

美洲被發現後，許多歐洲國家都派出船隊去占地盤，反正不用錢，占得愈多愈好。

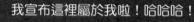

我宣布這裡屬於我啦！哈哈哈！

占地盤的首要任務，就是解決那群在地土著印地安人。印地安人雖然人多勢眾，但他們的武器和歐洲人的槍炮比起來就像玩具一樣，所以只有挨打的分。

兄弟們別孬，他們連刀都沒有，砸死他！

哈哈哈哈！

更慘的是，印地安人還要面對歐洲人及黑奴的疾病入侵。印地安人幾萬年來都沒有和其他民族接觸，所以對這些疾病一點抵抗力都沒有。

英國把印地安土著吊起來打，在北美東岸先後建立十三個殖民地。這些英國殖民者，將在外，軍令有所不受，開始想要謀反。

一七七六年七月四日，北美十三個殖民地聯合簽署《獨立宣言》，正式成立美國。

那群叛徒竟敢用我們女王的應援色做國旗，我要出兵把他們的世界打到只剩下黑白！

雖然美國成立了，但英國好歹是世界霸主，怎麼可能隨隨便便讓殖民地獨立，所以英國一開始並不承認美國。

英國仗著實力強大，平常沒事都在得罪人，當美國和英國要打架的消息傳出時，法國就坐不住了……

敵人的敵人就是朋友，我給你贊助點人和炮！

正所謂牆倒眾人推，西班牙和荷蘭也先後加入美國的陣營，吃不消的英國，終於在一七八三年承認美國獨立。

快快快，接力，他快不行了！

不……不打了，你……你獨立了……

還記得那批在殖民時期被帶過來的黑人奴隸嗎？

對於建國初期的美國來說，外患是解決了，但還有內憂呢！

三分鐘

由於美國各州能自行制定法律，所以在腹黑農場主比較多的南方，奴隸制是合法的。

馬兒餵了嗎？羊毛剪了嗎？牛奶擠了嗎？今天幹啥了？

而在聖母比較多的北方，奴隸制則是違法的。

要和諧，要有愛！

不能因為人家長得黑、長得醜，就看不起人家。

起來，不願做奴隸的人們！

兩邊一言不合就要打了起來，
一場內戰在所難免。
但是人家北方派是正牌政府，
而且頭上還頂著解放黑奴的正
義光環。

隨著黑人加入反抗，不得民心的南方派節節敗退。一八六五年，南方派戰
敗，美國恢復統一。

乖，以後就是一家人了。

再次統一後的美國，急需勞動力來振興自己。十九世紀末到二十世紀初，美國敞開國門，吸引大量的歐洲移民。

來了就是自己人！有錢大家一起賺！

美國

有了這群外來的打工仔，美國工業如火如荼地展開，國際影響力也瞬間爬升好幾個檔次。

嗚嗚嗚……豬仔！我要離開你去美國了！

美國！好啊！記得給我帶頭洋母豬回來！

哇！連你都聽過美國啊！

即使在一戰期間，美國依舊一心拚經濟，不怎麼積極參戰。

打架？有發大財過癮嗎？

老大，我們為什麼不多派點兵參戰啊！

你看他們！傻眼了吧！

戰後所有國家都被掏空了，只有美國數著鈔票，在一旁春風得意。

還是老大英明！英明！

之後二戰開打，美國想延續老套路，自己在一邊看戲就好，誰知道小日本偷襲珍珠港，被人打到家門口還能忍嗎？
美國成立以來就沒受過這種氣，直接就放大招，扔了兩顆原子彈給日本人。

這一炸不但沒有炸出血海深仇，還替美國炸出日本這個小弟。

就獨霸世界了!

當時歐洲頹廢、亞洲落後,美國只要剷除最後一個敵人……

三分鐘

美國這個「最後敵人」,就是另一個超級大國——蘇聯。
美國和蘇聯明爭暗鬥,爭奪世界第一的寶座。
不過這個時候,全世界都不希望再打仗,所以這兩個壯漢展開漫長的冷戰。

來互相傷害吧!

害就害,誰怕誰!

他們又是比誰的原子彈造得大，又是比誰先飛上天。

這種級別的比賽，需要消耗大量的經費。
到了一九八〇年代中後期，產業單一的蘇聯，經濟已經入不敷出。

最終蘇聯還是敵不過「萬惡的資本主義」，在一九九一年解體，接著就像大家知道的那樣，美國成為世界唯一的領頭羊，並且一直稱霸到現在。

再也無人可擋的美國，開始插手其他國家的事，比管理自己國家的頻率還高。
一九九九年，南斯拉夫內部鬧矛盾，美國插手別人的家事，派兵轟炸南斯拉夫，還炸了中國駐南斯拉夫的大使館。

不是已經炸完了嗎？怎麼還回頭？

我剛才看到中國的大使館，回去順手炸了。

二〇〇一年，美國以打擊恐怖分子為由出兵阿富汗，控制這個中東要地。

阿伯，來，送你一套當今國際最時尚的衣服！

很好，來，對著鏡頭豎個中指，眼神凶狠點！

完美，鐵證如山！

二〇〇三年，美國又說伊拉克藏有大規模殺傷性武器和包庇恐怖分子，該打！還掌控伊拉克豐富的石油。

說好來打我們，他們在幹嘛？

我們好像……一點吸引力都沒有……

中東玩得差不多了，美國又發現中國在亞洲的實力愈來愈不可忽略，所以開著幾艘軍艦到中國南海閒晃。

小菲菲，軍艦送你，你在南海玩一玩！

好的，爸爸！

別的星球我不知道，但是在地球，我沒怕過誰！

美國似乎已經忘了，自己幾百年前就是反抗英國的霸權，才走向獨立自主，現在又以霸權主義，在全球橫著走。

霸權

但是誰讓人家現在是世界老大，很多時候我們只能看著美國任性而沒有辦法。
不過俗話說物極必反，美國的霸主寶座，絕對沒辦法永遠坐下去……

風水輪流轉嘛！

三分鐘

美國篇·完

2

墨西哥
Mexico

美國總統川普上任滿一百天時，有人幫他做個統計，看看他兌現競選時許下的哪些承諾。

ONE⋯⋯TWO⋯⋯THREE⋯⋯

結果發現，川普吹的四十多隻牛，大部分都被他拋到腦後。
但有個聽起來很誇張的事，他倒是盡心盡力地去辦。

就是在美國和墨西哥的邊境修長城。

三分鐘

早在競選總統時，他就公開罵墨西哥人都是毒販，選上後會建圍牆，把美、墨邊境封起來，以防他們透過邊境走私毒品。

被鄰居罵成毒販，還當賊一樣提防，對墨西哥人而言，絕對是莫大的羞辱。

雖然現在慘遭美國鄙視，但墨西哥可是個正經八百的文明古國。

早在西元前一二〇〇年左右，墨西哥就孕育出奧爾梅克文明。奧爾梅克人崇拜美洲虎神、羽蛇神，還用巨石建造金字塔來祭拜這些神明。科學家考察他們留下的文物，發現奧爾梅克文明居然和千里之外的中國商朝有驚人的相似之處！

【奧爾梅克標誌性作品】
巨石人頭像

比如奧爾梅克人也愛玩玉器，文字也和甲骨文很接近，他們雕刻出的人像，也有中國人的外貌特徵。

說，是不是你在外巡遊時留下的野種！

老婆，冤枉啊！

再加上這個文明出現的時間和商朝滅亡的時間非常接近，不少學者猜想奧爾梅克人其實是商朝後裔，被周武王滅國後渡海來到美洲。

要是敢回來，就打斷你們的腿！

許多名人、學者都支持這個理論。
但這種說法太玄虛，又缺乏直接的證據。

所以反對者也大有人在。

三分鐘

後來墨西哥出現一大堆文明，都繼承奧爾梅克的信仰，還建造起更大的金字塔。這些文明中最出名的，還要屬神祕的馬雅文明。

馬雅人的天文計算非常精確，他們認為地球繞太陽一圈，需要三百六十五‧二四二〇天，和現代人的計算相比，誤差才〇‧〇〇〇二天！

算好了，三六五‧二四二〇！

這麼快？我要這臺計算器幹嘛！

馬雅人建造的卡斯蒂略金字塔，臺階數正好等於一年的天數，而且金字塔四面，恰好分別對準東南西北。
在沒有指南針的時代，馬雅人是如何辦到的？

馬雅人還蓋出專業的天文臺，樓頂上的觀察窗正好對準肉眼看不見的天王星和海王星。這兩顆行星，千年以後才被歐洲人發現。

馬雅人沒有電腦和望遠鏡，做起科學研究卻這麼厲害，很多人都懷疑他們得到外星人的真傳，或者馬雅人本身就是外星訪客。

……＆￥％＃＆……＃＃

雷雷倒覺得，馬雅人的預言壓根兒就不準！

正因為馬雅文明有著很多謎團，導致後來有好事者打著馬雅人的旗號，說二〇一二年是世界末日時，嚇得一幫人瑟瑟發抖。

三分鐘

因為一五一九年就是他們的末日！這一年，西班牙軍隊入侵墨西哥，準備在這裡開拓殖民地。

侵略軍裝備先進的槍炮，再加上當地人不夠團結，西班牙人幾乎沒費什麼力氣，就把他們統統打趴了。

你不是很能算嗎？這巴掌算到了嗎？

西班牙人掌管墨西哥後，把很多原住民當奴隸，送去挖礦做粗活，他們身上還攜帶傳染病，當地人沒有抵抗力，大批大批病死。

被西班牙統治一個世紀後，原住民人口減少了九成。白人與當地人生下的混血兒，反倒成為墨西哥的主要居民。

混混更健康！

由於西班牙信奉天主教，把原住民的信仰看作邪教，馬雅文明等古文明留下的書籍，被一股腦兒地扔進火堆。

曾經輝煌燦爛的文明，就這樣失傳了。現在墨西哥人大多講西班牙語，能看懂古文的人少之又少。

即便混入白人血統，文化也向歐洲靠攏，西班牙卻沒把墨西哥當自己人，該壓榨的還是要壓榨，弄得民不聊生。

別以為你們是我兒子就可以偷懶！

受夠折磨的墨西哥人，於一八一〇年發動起義，推翻西班牙的殖民統治。但這不是苦難的結束，而是悲劇的開始……

很多強國覺得新生的墨西哥很好欺負，紛紛跑來占便宜。

三分鐘

鄰近的美國自然不用說，連歐洲的英國、法國，都繞了半個地球過來玩侵略。光是和美國的那一仗，就讓墨西哥丟掉近三分之一的領土。

墨西哥人自己也不爭氣，為了爭權不停打內戰。
直到一九三〇年才消停，正式確立共和制度。

被戰火燒了一百多年的墨西哥人，終於有空辦經濟建設了。
他們看見隔壁的美國很有錢，立刻拍板決定幫美國打工！

美國人才市場

大佬，你這裡
還缺人嗎？

只要我在，一個毒
販都別想過去！

美國人想穿花衣服，我們就幫
你織！美國人想喝酒，我們就
幫你釀！美國人想happy……
那我們就種點毒品吧！
美墨邊境長達三千多公里，派
多少人都守不過來，墨西哥人
很容易找到漏洞把毒品走私到
美國。

美洲等篇　　39

但那時做毒販工作的還屬極少數，絕大部分墨西哥人都想做正當生意。
他們靠著沒日沒夜地工作，墨西哥的經濟迅速起飛。
但二戰的爆發讓事情出現轉折，亞洲的「毒品金三角」遭到戰火波及，
往美國運毒的路線斷掉了。

美國的癮君子哪裡受得了？趕緊找其他毒販訂貨。當時美洲還有很多國家生產毒品，但和美國交界的只有墨西哥。
毒販為了方便走私，就先把毒品統一運到墨西哥，再找機會送進美國。
墨西哥就這樣成為毒品集散地。

老闆，你這個西瓜裡面怎麼全是毒品？

你來墨西哥不買毒品，難道想買西瓜嗎？

墨西哥毒販的主要任務，一開始是做毒品快遞，賺點運費，後來嫌錢賺太慢，乾脆去做毒品批發，賺中間的差價。

啦啦啦，我是做生意的小行家！

生意一做大就缺人手，於是毒販開出高薪拉良民入夥。
那時的墨西哥雖然經濟起飛，但貧富差距很大，農村還是有不少窮人。

他們為了養家餬口，也只有去販毒了！

三分鐘

人一多，運的毒也多。到了二十世紀七〇年代，美國毒品市場就幾乎被墨西哥人壟斷。如今，美國人嗑掉的古柯鹼，九十五％來自墨西哥，大麻也有七十％是從墨西哥進貨。

嘿！托尼啊，哪裡有賣毒品啊？

要幾斤?!

便宜賣！

來來來！我這有好貨！

我這買一送一克！

毒販賺那麼多錢要怎麼花呢？買槍！
他們在美國購買槍炮，再偷偷走私回國，用來和其他毒販火拚，都想獨吞整個毒品市場。

想要獨吞，先問問我手上的槍！

他們整天殺來殺去，搞得墨西哥安全形勢急邊惡化。二〇〇六年，墨西哥總統被迫調動大批軍隊圍剿毒犯。但毒販養的打手，加起來有十萬多人，很多都是軍人、警察出身，裝備精良，完全可以和墨西哥軍隊對抗。

毒販每次挨打後，都會用更凶殘的手段報復。有一隊警察逮到毒販頭頭，不久之後這隊警察就全部被暗殺。連支持禁毒的官員、記者、學生，也都是毒犯的暗殺對象。從二〇一〇年一月到次年九月，墨西哥就有十九個市長被毒販做掉。

聽說有個專門殺毒的，叫什麼山什麼毒霸的，你給我等著！

對毒販宣戰後的六年裡，墨西哥有五萬人喪命。
一些學者乾脆把墨西哥當作「內戰中國家」，拉去和敘利亞為伍。

嗨！老敘，我也來了！

敘利亞

不不不！你別害我，我只打架，不吸毒！

墨西哥

到現在為止，已經過去很多年了，毒品依然繼續賣，幫派依然天天火拚，墨西哥的病症一點好轉的跡象都沒有。美國人對此似乎早有預料，從二〇〇六年就開始建圍牆，如今已經造了三分之一，川普只不過想把工程弄完罷了。

祖傳手藝不能斷了傳承啊！

反倒是因為圍牆的阻隔，讓毒犯有動力開闢新市場，把更多毒品賣到亞洲、歐洲，讓全世界都頭疼了起來。

噴點毒藥，大家一起疼一下！

墨西哥篇·完

如何徹底驅散毒品的陰霾，成為墨西哥政府的終極難題。
是用武力把毒販殺光，還是和他們談判？

也許真的需要把馬雅人挖出來算一卦才知道！

三分鐘

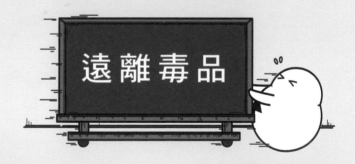

3

阿根廷
Argentina

人往高處走，水往低處流，這是我們都知道的道理，畢竟不求上進、落後可是要挨打的。

我可千萬不能掉下去啊！

但是有一個國家，偏偏逆天而行。
折騰大半個世紀，活生生地把自家的GDP，從世界第七掉到二十名以外……

這個國家就是阿根廷！

三分鐘

說起阿根廷，資深饕客可能會想起那裡的牛肉，體育迷可能會想起足球，除此之外，阿根廷好像就沒什麼影響世界的東西，在國際上的存在感也愈來愈低。世界老七是如何衰落的呢？

別再吃了，用點心吧！再吃你就完全透明了！

阿根廷位於南美洲，最早在這裡生活的是印地安人。
沒錯！和美國的土著一樣，都是印地安人，他們本來每天都無憂無慮地過著快樂生活。

哦哦哦哦哦哦哦……

結果有一天，來自歐洲的「野蠻人」打破他們平靜的生活，土著們要嘛被殺，要嘛被抓去做礦工，人口愈來愈少。後來他們才知道，破壞他們家園的是西班牙人，自己的家園已經變成西班牙的後花園。

西班牙的殖民統治，足足持續了三百多年。
從十六世紀到十九世紀，印地安人愈來愈少，歐洲來的移民愈來愈多。
當晚來的人不爽西班牙的殖民統治時，可不是指印地安人不爽哦！而是底層的歐洲移民要鬧事，要拚獨立了。

終於，一個絕佳的機會來了。一八○八年，西班牙本土被當時的法國皇帝拿破崙打爆。

西班牙王室連自己都顧不上了，還顧得了殖民地？
於是，阿根廷的老百姓馬上抓住機會，掏出獨立的槍桿子開始造反，成功把殖民政府趕回西班牙老家。

一八一六年，阿根廷也學美國寫了個《獨立宣言》。而那一天，也被認為是阿根廷建國的日子。

哪方面作？答案是：內鬥。

按照正常的劇本，阿根廷從此走上發展的康莊大道，但事實卻是阿根廷人「作」的基因才剛剛開始……

看這位老哥！過得多舒服！

阿根廷獨立後，有一些人認為要學美國的聯邦制，就是每個地方的權力很大，平時主要自己管自己，大事才聽中央決定。

聯邦派

我還是懷念兄弟們一起鬥牛的日子！

獨裁派

又有一些人認為，要學西班牙的集權制，就是什麼事情都是中央說了算，這樣方便管理。

於是兩組人互相看不順眼就打了起來，有時這組人贏，有時那組人贏，這場內鬥足足打了將近五十年！
直到一八六一年，學美國的那一派才真正獲勝。
阿根廷從此變成一個聯邦制國家，並持續到今天。

穩定下來的阿根廷終於有心思進行發展，制定很多對經濟有利的政策，又吸引很大一批來自歐洲的移民和資金。

幾十年的時間裡，阿根廷的經濟成長十五倍，鐵路里程暴增六十倍，牛肉出口也翻了十四‧六倍，有錢人多到滿地打滾。

到了一九○八年，阿根廷的人均收入達到世界第七，首都布宜諾斯艾利斯則被稱為「南美巴黎」，大家可以想像一下有多厲害。

在當時，如果其他大洲的人想要移民，移民北美的美國，還是移民南美的阿根廷，都是一個問題。

這個叫阿根廷速度！

GDP

就是最殘酷的兩次世界大戰！

但歷史很快就給選擇阿根廷的人開了一個天大的玩笑。因為那時候和阿根廷做生意的，主要都是歐洲國家，而等著歐洲的……

三分鐘

但阿根廷身處南美洲，世界大戰好像也打不到他頭上，那怕什麼呢？

第二次世界大戰即將……

有好戲看了！

我們沒有文化的人就是這樣子！

阿根廷有一個很嚴重的問題，那就是之前賺的錢，主要是靠賣糧食、牛肉來的，這些都是比較初級的生意。

阿根廷賺到錢，卻沒有投資到工業革命裡，導致工業化程度很低。
說白了就是暴發戶賺了錢，卻沒有投資、提升自己。

我能想到最浪漫的事，就是去買一把新的菜刀！

當兩次世界大戰讓歐洲亂成一鍋粥，每個國家都忙著自保，沒人來買阿根廷的貨時，他就傻眼了。

阿根廷的出口量一落千丈，出口下降了，國內很多工廠都吃不飽，工人吃不飽就要鬧事，三天兩頭就來個罷工。
這下子國家就徹底亂了，經濟也上不去，再加上一九三〇年代的全球大蕭條，相當於在阿根廷身上的傷口上撒了一把鹽。

再沒人買，肉就臭了……

阿根廷內鬥的基因又看準機會現身，這次內鬥的主角是獨裁的軍政府和民主選舉出來的政府。

事情是這樣的，因為對國家的衰退看不下去，所以軍政府站了出來，希望靠強力的政策力挽狂瀾，結果失敗後被拉下臺。

我將帶領大家走⋯⋯走出⋯⋯困境⋯⋯

Argentina

你先走吧！

接著民主選舉的政府又上臺了，希望重新靠自由寬鬆的經濟政策拯救國家。
結果再次失敗，被軍政府踢了下來。

老子得不到的，你也休想得到！

就這樣反反覆覆，阿根廷經常過不了幾天的好日子，就陷入衰退的死循環，不穩定的政府讓阿根廷萬劫不復。

能不能別打了，我都快餓死了！

也就是說，阿根廷用了幾十年發展起來的家底，又用了幾十年來全部敗光，GDP增長率像雲霄飛車一樣刺激，漲了跌、跌了漲。後來實在沒錢了，只好向國際貨幣基金組織借錢，結果還不起，成為著名的賴帳國家，聽起來心酸得不行。

不好啦，阿根廷來啦！

肯定又來借錢了！

快跑！快跑！

阿根廷的故事講完了。
別人都是講如何逆襲，而阿根廷的故事，卻是一個悲傷的退步故事。
如今的阿根廷，在國際上的存在感很低，最近一次被大家討論，好像還是二〇一四年的巴西世界盃。

下一屆世界盃快點開始吧！

然而並沒有！

當年GDP全球老七，現在卻常年在二十名以外。阿根廷人會不會感到非常羞愧，然後埋頭工作，期待祖國再次復興呢？

三分鐘

前面我們說了，阿根廷幾乎都是歐洲移民，主要來自西班牙、義大利，他們帶來非常慵懶的生活方式。

在阿根廷，很多地方早上上班都是慢悠悠的，九點多到十點才陸陸續續到工作崗位，下午四點多就出現下班大軍。

到了週末更是不得了，大部分人徹夜狂歡，很多店家都選擇關門出去玩，有錢都不賺。

下班大軍

加班？不存在的！

同時，阿根廷的醫療、教育和福利也很不錯，更讓人沒有工作的動力。高福利的背後是高支出，搞得國家連錢都還不起。

我憑本事借的錢為什麼要還？

在阿根廷，最勤勞的是牛，牛還得每天不停地吃草，讓自己能賣個好價錢。

靠阿根廷人還不如靠自己！

這雖然是一句玩笑話，但也是社會狀態的一種體現，可能對於阿根廷人來說，有口飯吃，還有足球賽看，人生已經滿足了，GDP排第七或第七十都無所謂⋯⋯

阿根廷隊拿不拿得到獎盃才重要！

阿根廷篇・完

踢球吧

4

俄羅斯
Russia

要說起俄羅斯，他可能是中國「最熟悉的陌生人」。

隔壁這鬼地方真的有人住嗎？

說他熟悉，是因為俄羅斯有四千多公里的邊界線和中國接壤，
是中國貨真價實的隔壁鄰居。

年輕人，說話注意點哦！

內有
惡熊

說他陌生，是因為俄羅斯的中心在靠近歐洲的那一端。

看到太陽下山的地方了嗎？
那邊才是我的家！

靠近中國的地方都是經濟不發達的偏遠地區，所以和中國的互動也不是很多。

有什麼事和我去歐洲大別墅談吧！
熊熊，咱們回家！

所以，許多人對俄羅斯的印象幾乎只有……

領土比中國大、領土比中國大和領土比中國大！

好大的別墅啊！

但今天的三分鐘，能讓你對中國的大鄰居，有更深的了解。

首先，為什麼俄羅斯的中心，也就是他們的首都莫斯科是在歐洲那邊呢？

歐洲

亞洲

這是因為俄羅斯從一開始，就是在歐洲那邊發展起來的，是一個純正的歐洲國家。

乾了這杯，聽聽我的事吧！

西元八六二年，有一批海盜來到歐洲東北部，
和當地的遊牧民族交起朋友。

富豪，我們做朋友吧！

他們一起攜手建立一個叫做「基輔羅斯」的國家，也就是俄羅斯的前身。

基輔羅斯第一位國王——留里克

雖然建立國家，但是因為統治階級有很多人都是海盜出身，滿腦子都是打打殺殺……

所以這個國家動盪不安，經常處於分裂狀態，鬧分裂就不團結，國家就沒有力量。

基輔羅斯在建國四百年後，被遠方草原打過來的蒙古人給輕鬆擊敗，被迫跪下唱《征服》。

預備唱！

征服
就這樣
被你
征服

他們要向蒙古人繳稅，見到蒙古人要行禮，反抗就要被殺。

你這個毛毛刁民！幹嘛露上半身?!

我窮啊，穿不起衣服！

胡說，明明就是想顯示你胸毛比我多！

我要砍了你！

而蒙古人確實是這麼做的，很多俄羅斯的古老
城市都因為反抗蒙古人而被血腥地全城屠殺。

蒙古軍隊焚毀城市

男人被殺光，很多女人就被蒙古兵凌辱，許多人被迫生下蒙古人的後代。

妳們的丈夫都不在了！看妳們可憐，我就勉為其難收留妳們吧！

蒙古基因和他們體內原本的海盜基因結合在一起，可能正是今天俄羅斯人那麼剽悍的原因。

不過好在蒙古人鼠目寸光，他們只看得起有錢的城市，因為有錢才有東西上貢，窮地方他們就沒心思管理。

沒想到窮也能救我一命。

俄羅斯

莫斯科在那個時候就是一個不起眼的窮苦城市，所以沒有受到蒙古人太大的壓迫，反而偷偷發展壯大起來，成為俄羅斯人反攻的大本營。

早期的莫斯科

終於，在被蒙古人統治幾百年後，俄羅斯以莫斯科為中心，推翻蒙古人的統治。

所以之後建立的新國家，也就叫做「莫斯科大公國」。

由於吃過分裂的虧，新國家的領導者認為團結才是力量，戰鬥民族的基因終於爆發。

而是學起蒙古人，發動非常凶猛的領土擴張戰爭……

他們西打歐洲同胞，東征蒙古後人，直接把俄羅斯的版圖擴大一倍以上。統治者覺得自己就是真命天子，統一天下指日可待，於是自稱沙皇。

第一位沙皇叫做伊凡四世，在他之後的沙皇，也繼承
這種永遠不嫌地盤太大的傳統，繼續派兵出去打仗，
比較出名的沙皇有彼得大帝、葉卡捷琳娜二世等。

彼得大帝

經過這些沙皇的連年征戰，俄羅斯的版圖終於和我們今天所看到的差不多了，一掃當年被蒙古騎在頭上的怨氣。

一九一四年的俄羅斯疆域

雖然版圖很大，軍事很強，但是在沙皇們統治的幾百年裡，老百姓的生活卻沒有比在蒙古人手下好多少。

因為無論是誰統治，他們都是要不斷地勞動再勞動，然後就是繳稅、上貢，沙皇剝削起自己的人民，並不比蒙古人手軟。

尤其是沙皇們愛打仗，工人生產出來的東西還沒握熱，就要被送到前線派給軍隊，老百姓連一口湯都喝不到。

勞動得多，收穫得少，這誰受得了？

這種情況一直持續到第一次世界大戰，趁著軍隊在戰爭中慘敗，俄羅斯人民展開轟轟烈烈的起義。

沙皇一看自己再不走就要出事，果斷宣布退位。

我宣布！今天起，你來做沙皇！

這次革命事件，就是大名鼎鼎的「二月革命」。

但這次革命是不徹底的，支持沙皇的人並沒有被消滅乾淨。

哇！你們打錯人啦，我真的不是沙皇！

八個月後的「十月革命」才讓老百姓徹底脫離貴族的魔爪，而這次領導俄羅斯人民翻身做主人的，正是大家熟知的列寧。

列寧與革命群眾

列寧為俄羅斯設計出社會主義和共產主義的美好藍圖，吸引周邊其他小國家成為加盟國。

他們以俄羅斯為大哥，喝下結拜酒，成立蘇維埃社會主義共和國聯盟，簡稱「蘇聯」。

喝了這碗酒！咱都是共產主義接班人！

剛剛成立不久的蘇聯，就碰上一個難度等級S＋的考驗，那就是第二次世界大戰，德國把坦克都開到蘇聯的家門口來了。

有這麼好玩的派對怎麼沒約我啊！

好在蘇聯絕地大反擊，踩扁希特勒帶領的德國，拯救歐洲人民於水深火熱之中，蘇聯的大哥大氣息又多了幾分。

來啊！我們就好好玩玩！

瀟灑無敵！

大哥威武！

憑藉「二戰」中的威望，蘇聯迅速成長為一個超級大國，和美國在國際上鬥智、鬥勇，爭奪「地球一哥」的寶座。

不過可惜的是，蘇聯後來的領導人根本沒有領悟到社會主義的精髓，國家管理得亂七八糟，除了軍事依舊強大，經濟、社會一塌糊塗，沒等到美國人出手，自己就在一九九一年先行解體了。

蘇聯解體

解體後的蘇聯，大部分由現在的俄羅斯繼承。

我走了以後，保險庫鑰匙就交給你了！

雖然現在俄羅斯遠遠沒有鼎盛時期蘇聯的實力，但也是世界上不可忽略的軍事大國。

俄羅斯的歷史比起中國前後五千年其實不算太長，第一個王國到現在也不過一千二百多年，但是也經歷過很多大起大落。

他被蒙古人奴役過，對外族人俯首稱臣過，這是一個民族最大的恥辱和不堪回首的往事。

烈酒啊，讓我忘掉那些不堪吧！

他也強大過，擁有世界上最大的領土，打敗過「惡魔」希特勒，拯救過歐洲，這可能又是一個民族最自豪的戰績和耀眼的光輝。

俄羅斯篇・完

5

希臘
Greece

希臘

很久很久以前，科學水準比較低，老祖宗遇到無法解釋的事情，就會透過寫神話故事，把這些事情記錄下來。

夸父今天又開始他的逐日之旅！

比如天上有天庭，地下有閻王，他們掌管著人的生老病死和輪迴投胎；又比如下雨是因為有雨神，起風是因為有風神。

南天門

總之，世界萬物都有神明在控制，中國神話故事也因此豐富多彩。

國家是怎樣煉成的

但是如果你去西方國家，那裡可沒有什麼英國神話、德國神話、法國神話哦⋯⋯

這麼多國家居然一個神話故事都編不出來嗎？

你去問他們的神話故事，他們只會推薦你看希臘神話。

雖然我們沒有，但是我們的兄弟有呀！

因為西方文明的搖籃，正是希臘。

現在的希臘和古代的希臘，地理位置差不多，都是由地中海海邊上的半島和小島組成，沒有多少成塊的陸地。

既然老天已經劃好地盤，古希臘人索性各自占山為王，實力強一點的在半島上圈地，實力差一點的占一個小島也敢建國。

這些國家基本上只有一個城市的大小，所以被稱為「城邦國家」。古希臘時期，最多有幾百個城邦。

希臘城邦遺址

要是你活在古希臘，玩個彈弓都不能太過用力，萬一把石子彈飛了，立刻就是武力入侵鄰國的大新聞。

你們兩口子談論建國大業能不能小聲點！吵到我了！

希臘

希臘的這些城邦雖然小，文明卻非常發達，其中最先進的就是雅典。

古代雅典的想像圖

有多先進呢？早在西元前很多年，雅典就超前運用了民主制度，他們沒有國王，國家大事是透過開會來商量。

同意一夫多妻制的請舉手！

國家大事都允許插嘴，老百姓還有什麼不敢討論？於是雅典人開始深入探討哲學、科學、文學⋯⋯在很多領域都取得巨大成就。

表現雅典人討論學問的名畫《雅典學院》

蘇格拉底、柏拉圖都聽過吧？他們就是後來誕生在雅典的巨匠，代表整個希臘的文化，直到今天都是世界名人。你說厲不厲害？

柏拉圖

不過也有很多城邦和雅典走上相反的道路，比如說大家常聽到的斯巴達，他們覺得書讀得再多，也不如練好打架本領來得實在。

年輕人不要老是打打殺殺的！
多讀書，知識才是真正的力量！

哼，哪來的呆子！

多多讀書啊！

觀念不同都是小事，主要是當年沒有良好的生育計畫，各城邦的人愈來愈多，大家的地盤都不太夠用，城邦之間難免發生鄰里糾紛。

ㄟ，我的羊跑哪裡去了？

老鄰居，找東西找累了吧？吃點東西休息一下！

這是什麼肉？怎麼這麼熟悉！

你家的羊呀！

可能今天你的羊吃了我的草，明天我又偷了你的菜，
所以聚眾鬥毆是常有的事。

後來從東邊來了一個名叫波斯帝國的大地主，他看希臘人一點都不團結，感覺很好欺負的樣子，就派一群人來搶希臘的地。

孩兒們，等他們打得差不多，就上去把他們一鍋端了！

希臘的各個城邦明白，和波斯單挑是絕對要輸的，要贏只能靠團戰。

兄弟們，別再內鬥了！集合打團了！

於是他們暫時停止內鬥，組成希臘聯軍來抵抗波斯。

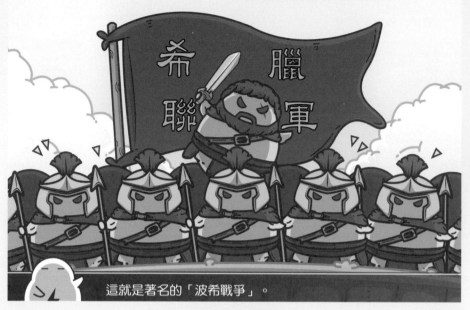

這就是著名的「波希戰爭」。

在戰爭中，各個城邦都出人出力，湧現一大批勇者，比如一個打十個也絕不喊累的斯巴達戰士。

斯巴達！

斯巴達！

又比如為了報喜，足足跑了四十二‧一九五公里，最後活活累死的雅典小兵，後人為了紀念他，創辦了馬拉松長跑。

「馬拉松第一人」菲迪皮德斯的雕像

希臘人眾志成城，強悍無比，最終成功打敗波斯人，守住自己的家園。

這⋯⋯難道就是眾神的力量嗎？

不過趕跑波斯人之後，希臘人馬上就選擇性失憶，把革命情感拋到腦後，繼續為一畝三分地打內戰。

你幹嘛？慶功宴都還沒吃完呢！

現在沒外人，羊肉的問題可以繼續討論了。

所以，波希戰爭之後，希臘各城邦間又開打了。

誰料北邊有個叫馬其頓的國家，一直坐山觀虎鬥，等整個希臘都折騰得精疲力盡時，直接殺了過來。

那……那邊是？

哈哈哈哈！

內鬥到沒力氣的希臘，被馬其頓輕輕鬆鬆推倒，成為馬其頓的一部分。對此，希臘一開始當然是拒絕的。

他們發現馬其頓從上到下都崇尚希臘文化，整天都在崇拜希臘先賢，就讓希臘人沒那麼反感了，甚至還有那麼一點點小得意。

就連馬其頓的國王亞歷山大，都是希臘大學者亞里斯多德的學生，吸收著希臘文化。

每人發一本希臘文明史，回去給我好好學習、領悟！

大家要聽老師的話哦！

亞歷山大這個傳奇人物，帶著馬其頓和希臘人從西打到東，把以前和希臘打過架的波斯也一併給吞了，幫希臘人出了一口惡氣，建立一個超級大帝國。

馬其頓帝國疆域

被馬其頓征服的各個國家,也必須崇拜和學習希臘文化,希臘文明照耀四方,所以這個時代也被稱為「希臘化時代」。

看著自家的文化在馬其頓的帶領下光芒四射,希臘人作夢都在笑啊!這筆交易不算太虧。

然而美夢沒作多久，隨著亞歷山大大帝去世，馬其頓帝國分崩離析，希臘也成為一盤散沙。

大帝，不要扔下我不管啊！

這一變，就是希臘下坡路的開始，他先是被羅馬征服，跟著羅馬姓了一千多年。

戴上它，你就是我的人了！

太……太小了……戴不進去啊！

後來希臘又被鄂圖曼帝國，也就是土耳其人的祖先，剝削、掠奪幾百年，被虐得抬不起頭來。

直到一八二一年，時間來到近現代，希臘才趁著鄂圖曼帝國衰敗起兵造反，宣布獨立，終於自己當家做主人了。

希臘人本來以為獨立後能過上幾天好日子，然而並沒有……不久後的第二次世界大戰中，希臘又被德國按在地上擦地，成千上萬的希臘人被屠殺。

唔，這裡還是掛著我的國旗帥一點！

「二戰」結束之後，希臘人又開始搞內鬥，局外人都看得乾著急啊！就不能珍惜一下來之不易的和平嗎？

希臘內戰中的士兵

一九七五年，希臘的內鬥總算是停了下來，成立了今天的希臘共和國，但接下去會有好日子嗎？當時沒有人敢打包票。

這次可別再出岔子啦！

為了讓人民增加信心，政府就把福利辦得高高的，醫療免費、教育免費，各種福利向北歐看齊。

大家儘管拿！全都免費！

然而希臘的底子薄，只會花錢不會賺錢，福利發到最後，把國家弄到破產，人民的信心沒增加，反而成為國際上的笑話。

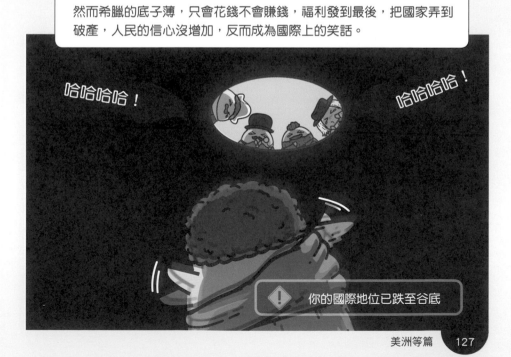

哈哈哈哈！

哈哈哈哈！

⚠ 你的國際地位已跌至谷底

如今的希臘，基本上靠著向別國借的錢為生，而且欠了錢又還不起，天天被人家追債，場面相當難堪。

希臘

綜觀整個希臘的歷史，能拿出來炫耀的也只有古希臘那一段。就好像許多老人都喜歡向年輕人說「想當年……」是一樣的道理。

曾經無比輝煌的希臘城邦

要是希臘人能回到過去，肯定會跪求祖先們多蓋房，千年以後就成為IG打卡聖地，靠觀光收入就能多賺點了！

希臘篇・完

哈啾！誰在詛咒我？

6

埃及
Egypt

盜墓題材的電影、小說，近幾年特別熱門，畢竟中國有上下五千年的歷史，老祖宗留下了無數寶藏，想像空間大到不行。

這是……龍脈的跡象！

而對歐美那些歷史只有短短幾百年，或者古代不怎麼繁榮的國家，想做類似的藝術創作，一般都會去埃及找靈感。

這中國人盜墓電影拍得不錯啊！導演，不然我們也拍個盜墓吧！

我們村才三代人的歷史，盜你爺爺的墓，還是我爺爺的墓啊！

論歷史的久遠和文明的繁榮，古埃及絕對可以和中國相提並論。
那麼這個黃沙漫天的國度，到底有過怎樣的輝煌呢？

要說埃及文明的起源，就必須誇一誇尼羅河這個好奶媽。

二分鐘

尼羅河水量充沛，脾氣也好，洪水來得很規律，還能帶來肥沃的淤泥，使得尼羅河沿岸成為種田栽樹的絕佳之處。

早在一萬多年前，就有一群農民在尼羅河邊安居樂業，他們就是埃及人的祖先。但那個時候，他們還沒有「埃及人」這個概念，都是按戶口分成一組一組的，整天打來打去打不停。

住我對面的傻子，吃我一招天外飛石！

一會兒就讓你知道我的厲害！

直到西元前三一五〇年左右，埃及才變成一個統一的國家。
別看他們花這麼多年才建國，此時，在同為文明古國的中國……

連黃帝都還沒生出來呢！

三分鐘

前面提過，尼羅河沿岸很適合發展農業，這下國家也統一了，以前打架的力氣也能用來種田，埃及很快就富裕起來。

早知道能這麼富裕，還打什麼架呀！

那時候的人都比較迷信，埃及人覺得耕種能這麼順利，肯定是神的恩賜，而他們生活的大小事務，也一定是神在照料。

憑我這傻子是種不出這麼多糧食的，一定是神賜予我的！

於是埃及人就編出一大堆神，還為這群神建造很多漂亮壯觀的宮殿，每年獻上大批祭品，反正有錢就是任性。

埃及的最高統治者叫「法老」，相當於其他國家的國王。法老被一群神騎在頭上，感覺真的不太好，於是就宣稱自己也是神，要求埃及人也崇拜他們。

這當然是騙人的話，法老也得吃飯、睡覺、入洞房，和凡人看起來沒多大區別。
想要看起來和神一樣厲害，只有在死後做文章了。

早年去世的法老，是葬在一種矮墩子裡面，和普通的貴族沒什麼區別。
身為一個「神」，墓地怎麼能和凡人一樣？
有位叫左塞爾的法老，想建個特別點的墓來埋葬自己，於是就有了埃及的第一座金字塔。

左塞爾金字塔

後面繼位的法老們，為了證明自己比前任厲害，紛紛修建更大的金字塔。

惡性循環到胡夫法老這一代，超大型金字塔就閃亮登場了。胡夫金字塔高達一百四十六公尺。

在此後的三千八百年裡，胡夫金字塔可以說是世界上最高的建築。

胡夫金字塔

其實金字塔本質上來說，就是徵召幾十萬個活人、花費二十多年時間、用掉兩百多萬塊巨石，只為了埋進去一個死人。

人死了，屍體可是要好好保存的。你們應該為自己的工作感到光榮！

我快撐不住了！

啊！

把這個屍體給我扔掉，新來的趕緊給我補上！

偶爾這麼做一次還行，但要是多出幾個敗家法老，埃及就算再富裕，也會被活活玩成窮鬼。

雖然耗費巨大，但能死得如此剽悍，真超值！

可能是法老們的鋪張浪費，惹怒了養育他們的尼羅河奶媽，她直接給埃及來了個持續五十年的大旱災，讓國家陷入饑荒和混亂之中。

趁還沒被你們榨乾前，我還是趕緊走吧！

別走啊！媽咪！

總結出兩個經驗。

經過十幾任法老的努力才把風波逐漸平息，讓埃及回到正軌上。
法老們從這場災難中——

三分鐘

第一，建金字塔不能太肆無忌憚，沒錢就別蓋那麼大。法老們從此就很少建造金字塔，就算建也不敢建太高了，基本上和小土丘差不多。

第二，不能什麼都指望尼羅河，老媽的脾氣也沒想像中那麼好，萬一下次又大旱就糟了。
接著埃及人開始走出去，占周圍鄰居的地盤，順便搶點黃金、奴隸什麼的，帶回家裡享受。

跑出來肆虐是很爽，但是也有可能會引狼入室，碰見打仗比較厲害的傢伙，埃及不僅沒討到便宜，還會反過來被揍到趴下。

於是，埃及就一直上演著征服別人和被別人征服的戲碼，來來回回，一演就是近兩千年，只要是埃及能碰見的，基本上都和他們打過架。

在堅挺了二千七百多年後，古埃及文明終於滅亡了！

西元前三三二年，一位叫亞歷山大的傢伙，替這部連續劇寫下結局，他帶著希臘人組成的軍隊徹底征服埃及。

三分鐘

大帝死後，他的手下們分光家產，一個叫托勒密的將軍分到埃及這塊地，在以「亞歷山大」命名的新都城裡，建立了托勒密王朝。

分到這個地方，壓力山大啊！

這位外地來的國王和他的子孫為了討好埃及人，就支持發展埃及的傳統文化，神話、神廟用的都是埃及原版，還把自己也描述成法老。

馬上就要到埃及就職了，怎樣打扮才比較像法老？

將軍，這個容易，讓我來幫您！

讓我們用熱烈的掌聲歡迎我們的新法老——托勒密將軍！

......

法老！　　法老！

希臘人喜歡研究學問，托勒密就建造出亞歷山大圖書館，收藏著幾十萬本珍貴書籍，很多學者都被吸引到埃及。

哇，比在家舒服太多了！

希臘人擅長經商，托勒密就花大筆錢建造高聳入雲的燈塔，以防來往的商船在海上迷路。
長官這麼貼心，商人們自然願意到這裡來投資。

小兄弟，我想請問……

別說話，往這邊走就對了！

在托勒密家族的經營下，埃及的日子過得還算舒適，成為這一代的文化和商業中心，但是他們也從希臘帶來了「內鬥」的陋習。

當托勒密家的孩子愈生愈多，誰來當家、誰來掌權就成了問題。

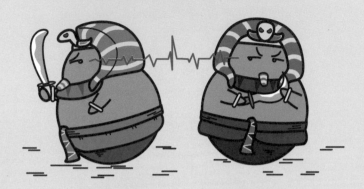

各種叛變和勾心鬥角，埃及自然也就開始走下坡。

更糟糕的是，地中海對面的羅馬崛起了，他正在愉快地磨著刀。

準備挑個良辰吉日，把埃及這頭肥豬宰掉。

這時候，托勒密家出了個妹子，叫做克麗奧佩脫拉七世，也就是我們俗稱的「埃及豔后」。

小黑呀，誰是這個世界上最美麗的女人啊？

當然是豔后您啦！

她為了從羅馬的魔爪下保全自己的國家，也為了在宮廷鬥爭中獲勝，不惜出賣自己的肉體來討好羅馬統治者。
可惜她在羅馬內鬥中選錯邊，兩任羅馬男朋友都被做掉了。羅馬那邊新上臺的老大，對豔后的美貌沒什麼興趣，但是對吞併埃及很感興趣。

小哥哥！來玩呀，很好玩的喲！

滾開！這位置是我睡的，別讓我再看見妳占我床位！

最後埃及豔后被羅馬人逼得自殺，她的兒子也被宰掉。
托勒密王朝就此滅亡，羅馬順利將埃及收入囊中。

嘿嘿嘿，很合適！

羅馬

於是，埃及先被羅馬拿鞭子抽了幾百年，然後被阿拉伯人占了一千多年。
到了近代，又被歐洲列強盯上，最終淪為英國的殖民地。
直到二十世紀五〇年代，埃及人才趕走英國佬，自己成立共和國。

不容易啊！

在這段被人支配的漫長歲月裡，埃及人既要交各種苛捐雜稅，又要被逼著去做苦力，被壓榨得喘不過氣來。

多虧我給你工作，你才沒失業，有口飯吃！

這個感謝費嘛，扣完你的工錢，每個月你還要給我五百英鎊！

雖然埃及也出過一些英雄，試圖復興這個國家，但他們都沒能帶領埃及人重現老祖宗時的榮光，一直在三流國家水準徘徊。

什麼時候才能重回金字塔頂端啊？不想再待在最底下了⋯⋯

前幾年，埃及人民發動革命，推翻腐敗的政府，但他們也因此陷入迷茫之中。

這個國家該何去何從？怎樣才能創造一片樂土？

有太多問題需要考慮！

三分鐘

埃及人糾結的是未來，而外國人則沉迷於埃及的過去。古埃及幾千年前的文明，留給後世太多疑問。

為什麼有很多盜墓者、考古學家，在發掘法老的陵墓後，回去就莫名其妙地死掉？是墓中暗藏殺人機關？還是法老對褻瀆者施加詛咒？

那些氣勢恢宏的金字塔，用今天的高科技來建造，都是件天大的麻煩事，古埃及人是怎麼蓋出來的？難道是外星人幫助？

今天的科技如此發達，想上天就上天，想入地就入地，但還是沒辦法完全讀懂古埃及。

也正是因為如此，就算埃及現在混得不好，但談起這個國家時，言語間還是充滿了敬畏！

畢竟，大家都不清楚，還有沒有什麼未知的力量，潛藏在埃及炙熱的黃沙下，等待甦醒的那一天。

轟隆隆

埃及篇・完

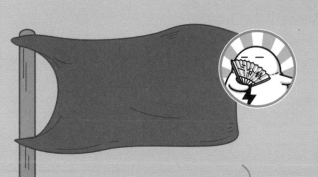

7

南非
South Africa

現在說到種族歧視，可能第一反應都是美國的那些事，雖然後來美國廢除黑奴制，但黑人如今在社會上還是面臨著種種不公。

老闆，為什麼錄用他，不錄用我？明明我比他優秀！

沒別的，就怕晚上加班看不見你。

但是有這麼一個國家，種族歧視的嚴重程度，讓美國都「自嘆不如」。
這個國家既不在歐洲，也不在美洲，反而是在黑人的大本營——非洲。

今天，我們要講的國家，就是南非！

三分鐘

「南非」，顧名思義，真的就在非洲的最南端，在古代屬於很偏僻的角落。世代居住在這裡的，都是些黑人土著。

爸爸好棒！

今天吃烤魚耶！

一四八七年，一場風暴把葡萄牙船隊颳到這裡，白人第一次踏上非洲。
當地的黑人很熱情，又是送水、又是送肉給白人，想好好招待客人。
但他們壓根兒沒想到，這是「引狼入室」。

遠道而來的客人，就當是自己家，別客氣！

「非洲最南端有塊荒地和一群土著！」這個好消息很快傳遍歐洲，白人一窩蜂地過來搶地盤，像蝗蟲一樣席捲南非。

就是這裡，他們自己說的，大家當是自己家，隨便拿！

兄弟們衝啊！

平時只會拿梭鏢打獵的黑人土著，在白人的槍炮面前不堪一擊，瞬間留下一地屍體，地盤、牛羊全都被搶走了。

這才是自己家的感覺！

本來白人準備把他們趕盡殺絕，後來不知道是哪個「天才」想的主意，覺得殺光太可惜，不如把黑人當苦力用，讓他們去開荒幹活，白人坐享其成就好了。

唉，監督也是很累的事，你們知道嗎？

挖不到金礦就別回來啦！

後來南非挖出超大的金礦和鑽石礦，簡直就是天上掉下來的禮物。
不過這個禮物當然是讓白人帶走，黑人只能被逼著去當又累、又危險的礦工。

靠著黑人的辛勤勞務，南非就像個印鈔機一樣唰唰出錢，白人之間卻因為分贓不均，還打了好幾仗。

結果是英國人笑到最後。一九一〇年，南非正式成為英國的自治領地，雖然自治領地比殖民地高級一點，但還是屬於英國的。

你的自由是我給的，所以還得聽我的！

於是英國人在南非當了老大，其他白人跟著發財。雖然白人之間打過仗，但是他們對「壓榨黑人」這條發家致富之道，卻是一致同意的。

昨天挖金礦居然偷懶，大家說我打的對不對！

打得漂亮！

往死裡打！

所以白人宣布，黑人永遠只能做又髒、又累、工資還很低的工作，好差事都歸白人做。
除此之外，白人還剝奪黑人的選舉權、投票權，搞出黑人與白人不能通婚等一系列歧視政策。

還有沒有你覺得幸福的事啊？說出來，我都寫進去禁止你做！

沒⋯⋯沒有了⋯⋯

更過分的是，白人自己住在環境好、交通方便的地方，把黑人趕到貧瘠的土地上，美其名為「黑人家園」。

住的地方放心好了，絕對夠暖和！

真的嗎？

怎麼樣，沒騙你吧！

占南非人口十四％的白人，坐擁全國八十七％的土地，而占人口七十五％的黑人，只能蝸居在十三％的土地上。

是挺暖的，甚至還有點熱……

這還沒完，幫白人做苦力、當僕人的黑人，政府還給他們發放專門的「黑人身分證」。
上面寫明這個黑人的工作地點，要隨身攜帶以備警察盤查，拿不出來就進監獄蹲去吧！
而且黑人不許在晚上出門，下班就得馬上滾回「黑人家園」，吃個宵夜都不行。

居然這麼晚不回家還吃宵夜！今天這牢你是坐定了！別跑！

最後白人索性連黑人的國籍都剝奪掉，強行要求「黑人家園」獨立成小國，這樣黑人的死活就與政府無關。

這旗子看久了還挺像國旗，那你們就自己選個國王獨立吧！

黑人家園

白人做得這麼絕，黑人忍得了一時，忍不了一世。反叛的種子……

已經在慢慢發芽。

三分鐘

他們首先成立一些反抗組織，比如「非洲人國民大會」，經常做出反抗政府的行為。

黑人永不為奴

比如你不讓我晚上出門，我就偏偏來個月下散步；你不許我進入白人的居住區，我就去你家門口一日遊。

OH！YEAH！

你都看到了什麼？

我終於知道為什麼宵禁，太刺激了！

這群人當中，出了一個舉世聞名的黑人英雄，他就是納爾遜．曼德拉。

曼德拉是一個部落酋長的兒子，在黑人裡也算個「貴族」，有幸能去白人的學校上學，但僅僅因為他的膚色，在學校裡受到白人老師、同學的欺負。

你吃巧克力會咬到手指吧！哈哈哈！

他努力當上律師，卻在各種案件中見識到白人對黑人的種種壓迫，讓他決心改變這種狀況。

所以曼德拉開始「鬧事」，組織各種遊行、罷工，和政府硬碰硬。南非政府也沒閒著，你鬧幾次，我就鎮壓幾次。

反對壓迫

對對！還是上次那個小廣場！

一九五六年，曼德拉以「叛國罪」被逮捕起訴，但曼德拉當過律師，為自己辯護得無懈可擊，最後法官只好判他無罪。

舌戰群儒

但這讓白人和黑人的矛盾更加嚴重。

白人一怒之下，槍殺正在遊行的黑人老百姓。

製造了「沙佩維爾慘案」。

三分鐘

下手這麼狠，連英國都看不下去，要南非政府收斂一點。結果南非在一九六一年，乾脆直接宣布獨立，和英國撇清關係。

今天起我們一刀兩斷！

聯合國安理會也譴責南非政府的暴行，要求他們好好對待黑人。
結果南非政府毫不理會。

打是情、罵是愛！你們這些光棍怎麼可能懂！

連聯合國都不放在眼裡，讓曼德拉覺得要反抗還是得來硬的，於是他組織游擊隊，還製造各種「恐怖襲擊」，開始用暴力進行反抗。

劈里啪啦

這反而讓政府抓住把柄。
武裝襲擊政府？任你是世界第一
的律師，這罪也洗不掉了。
在曼德拉的小部隊被政府軍消滅
後，他也被判無期徒刑，將牢底
坐好坐滿。

曼德拉雖然入獄，但是他的精神喚醒很多黑人同胞，他們繼承曼德拉的事
業，年復一年地和政府作對。

來一場膚色對決吧！

與此同時，世界各國也支持黑人
的鬥爭，他們不斷向白人政府施
壓，不和南非做生意。
外國企業紛紛響應號召，從南非
撤資走人。
一九八九年前，南非九十％的出
口商品都受到制裁，南非的經濟
一步一步走向崩潰。

聯合國等國際組織直接把南非的白人政府踢出群組，邀請非洲國民大會進來，代表南非人民說話。

成為孤家寡人的白人政府最終扛不住壓力，無條件釋放曼德拉，取消各種種族歧視的政策。

再不放人就讓你屁股開花！

曼德拉

放！我放！

一九九〇年，坐了二十七年牢的曼德拉終於重獲自由，進去時還是壯年郎，出來時已經成為白髮蒼蒼的老人。

嘎吱

我終於出來了！

一九九四年，南非開始使用五顏六色的「彩虹」國旗，寓意不同膚色的人和解、團結。

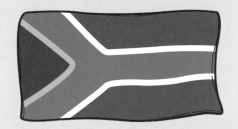

同年，南非舉行第一次所有膚色的人都能參與的大選，曼德拉最終成為南非的第一位黑人總統，象徵自由的新南非誕生！

成為自由的國度自然可喜可賀，但凡事都有兩面性！

三分鐘

在種族隔離時期，有幾千萬黑人提供廉價勞力，國家卻只需要為幾百萬白人謀福利，負擔小，賺錢快。所以南非曾是非洲最發達的國家，貢獻全非洲三分之一的GDP。

堅持住！堅持住！

經過黑人的種種抗爭，以及各國的瘋狂制裁後，南非的家底也被折騰得差不多了。
即使後來的政府想了很多方法拚經濟，如今在非洲也只能排名老三。

看！萬年老三！

曼德拉上臺後，還有很多有能力、有知識的白人擔心黑人政府會報復，趕緊移民到國外，讓南非損失無數人才。

你給我回來！我是要重用你啊！

也有很多專家指出，曼德拉辦革命在行，治國的水準還不如白人政府，在他和他的繼任者手裡，南非被弄得腐敗和罪犯橫行。

局長，不知道上次拜託的事……

嗯，這次的貨很帶勁，我很滿意，事情就包在我身上了。

南非固然為自由付出代價，但我們能說如果曼德拉和黑人不起來反抗，南非就會變得更好嗎？

我這樣做，到底是對還是錯呢？

雷雷只知道，透過把一部分人踩進地獄，才換來另一部分人天堂般的生活，這樣的國家……

永遠不會成為真正的強國！

三分鐘

南非篇・完

8

澳洲
Australia

澳洲這個國家是不少人嚮往的天堂。那裡有繁華的大城市，也有美麗的自然風景，還有善良可愛的動物。

今天我們就來看看澳洲的歷史。

可是雷雷告訴你，這個天堂般的國家，最初曾是英國流放罪犯的地方。

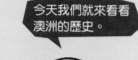

三分鐘

話說地球上有人住的大陸，好歹都有個伴，唯獨澳洲，孤零零地懸在海上。
好處就是，其他大陸打打殺殺幾千年，都沒有影響到這裡整天吃飯、睡覺、和袋鼠對打的世外桃源生活。

什麼？清朝亡了？

但壞處也是很明顯的，因為與世隔絕，其他大陸的先進文化也不容易傳到澳洲。
導致澳洲的原住民，文明基本上是原地踏步。

約嗎？什麼意思啊？

直到十六世紀，
一群歐洲航海家
的到來……

才徹底改變澳洲的命運。

西班牙、荷蘭、法國都曾派人尋找過澳洲，但最終把這裡占為己有的，是一七七〇年到來的英國人。英國航海家庫克船長到達澳洲東海岸，將其命名為「新南威爾斯」，並宣布這片土地屬於英國。

我得趕緊回去邀功領賞！

英國人發現，這地方比他們老家大得多，但也荒涼得多，四周都是一望無際的大海，簡直就是一個天然的監獄。

找這什麼破地啊！
在這兒多待一秒都是折磨！

監獄？英國人確實是這麼做了。之前英國人都把自家的罪犯往北美洲送，但後來美國鬧獨立也就送不成了。

拒絕收貨。退回去，退回去，別過界了！

澳洲這個超大型監獄的出現,解救英國人的燃眉之急。
於是,英國人又把這些犯人打包送到「南方大陸」。

因為那裡只有土著,罪犯要鬧事也禍害不到英國人,還可以把罪犯當苦力,替澳洲開開荒。

最初流放罪犯的地方，叫傑克森港，後來成為澳洲最大的城市——雪梨。

不過當年這批罪犯的日子過得可慘了，他們從早到晚不停地工作，開荒種地、修建道路，動作稍微慢了就要挨鞭子。

一次搬三塊還這麼慢，給我加到十塊！

他們裡頭很多人以前都不辦正事，做起正事來，效率特別低。
比如他們吃的糧食得自己種，結果種得不好，收成很差，不少罪犯就活活餓死了。

啊！種瓜得瓜，種豆得豆，我種的漢堡怎麼還不發芽？

這些犯人如果全餓死了，誰來開墾這片新土地啊？所以英國人想了一想，得給這些罪犯來點甜頭。

只要你們認真工作，做到刑滿釋放，就能在澳洲分地！

哇！　　　　　　　　　好耶！

這簡直是翻身農奴把歌唱的節奏！
罪犯的積極性迅速提升，再加上不斷有「新人」過來服刑，他們努力開墾新的荒地，總算是解決吃飯的問題。

還有兩塊地，耕完老子就解放啦！

還有人從歐洲帶來一種叫做「美麗諾」的綿羊，由於澳洲有大片空地可以放牧，所以很快就成為優質羊毛的產地。

平時吃好、喝好，養著你們就是為了這一刻！

哇，發財了！發財了！

隨後澳洲又挖掘到巨大的金礦，一度貢獻全球黃金總產量的四十％，堪稱一夜致富！

喂！媽，妳快帶親戚們過來，我這裡有大錢賺！

澳洲的價值也因此愈來愈高，很快這裡除了罪犯，也吸引很多過來掏金、賺錢的移民，人口暴漲。

新舊移民在澳洲安居樂業，他們的後代子孫就慢慢忘記祖宗是哪裡來的，開始以「澳洲人」自居。

但英國政府沒有這個概念，還是年復一年地往這裡送罪犯，這讓澳洲人非常不爽，他們擔心罪犯會瞎鬧事。

澳洲

這裡有我就夠了，不需要再來新的罪犯！

於是，他們組了個「澳洲同盟」，不許英國往這裡送罪犯，南十字星座就是他們的標誌。

罪犯禁止入島

這幫人又是示威遊行，又是寫公開信給英國百姓……

把英國政府煩死了。

三分鐘

一八五二年，英國政府終於決定，不再把澳洲當超大型監獄，準備將其「升級」為正式的殖民地。

好了好了，幫你們解鎖後乖乖當我的殖民地，不要再鬧事了！

好的，英國爸爸！

絕對不鬧事！

可是澳洲人得寸進尺，連殖民地都不想當。他們覺得英國政府遠在天邊，怎麼可能管得好澳洲的事務？自己的事情還是得自己作主！

滾回你自己老家去吧！我們的事情你管不著！

經過漫長的拉扯，英國政府終於同意讓澳洲自治，於是在一九〇一年，澳洲聯邦正式成立。

此後，澳洲雖然名義上還是英國小弟，戰爭時也協助英國，但英國已經不管他的家事，澳洲人想做什麼就做什麼。

一群移民，奮鬥出一個繁榮的國度，你是不是覺得很勵志？

還記得那幫土著原住民嗎？歐洲人開發澳洲的過程，就是他們受罪的日子。

一開始，土著和歐洲人還能和平相處，土著還為歐洲人的開荒提出很多建議和經驗。

我們這裡泥土太溼，不適合種漢堡，來，快吃口地瓜！

但後來土著沒有利用價值，歐洲人就展開屠殺澳洲土著之旅。幾乎處於原始文明的土著，怎麼擋得住歐洲的鐵槍大炮？

別急，今天就把你們全都送上天！

澳洲聯邦成立時，土著已經從幾十萬人銳減到幾萬人。

然而白人還不滿足，從二十世紀初到一九七〇年代，澳洲政府還制定出臭名昭彰的「同化政策」。

同化政策

他們強行把十萬多名原住民兒童送往白人家庭或育幼院，逼迫他們學習白人文化，忘記自己原來的語言和習慣。

首先把你的膚色刷白一點！

這些孩子自幼就和父母分離，還要在白人家庭中挨打、挨罵，可以說政府搶走了他們幸福的人生。

要不要聽話？

歐洲白人不僅殘害原住民，還排擠其他膚色的移民。
比如，自從英國不再往這裡送罪犯，勞動力就減少了，但總得有人來挖礦、放羊吧？
於是很多中國人就來到澳洲工作。

中國人勤勞能幹是出了名的，所以老闆都願意招收中國人。
白人覺得被搶走飯碗，就開始想方設法排擠中國人。
他們宣稱，澳洲是只屬於白人的天堂。

白人不但在語言上排擠中國人，還跑到中國人的聚居地，各種打砸搶燒，還鬧出不少命案。
澳洲各地的政府對這些暴行，不但睜一隻眼、閉一隻眼……

還助紂為虐，頒布排華法令！

三分鐘

法令規定每艘船只能帶幾個中國人入境，每個中國人要繳交十英鎊的人頭稅，每個月還得再付一英鎊的居住稅。

帶雞入境也要算人頭費和居住費！

不只是中國人，所有有色人種都遭到澳洲政府的無情對待。想入境？得先學一門歐洲語言才行。

好了，錢都交齊了，讓你的雞說句英語就可以過去了！

有色人種在澳洲沒有選舉權、不能參與政治、不能領養老金，發生職災連撫恤金都不給。白澳政策持續將近一個世紀，後來澳洲出於發展需要，才開始推廣「多元文化政策」，禁止種族歧視。

今時不同往日，發展要與時俱進！

白澳政策

多元文化

於是只要你有錢或有才，能對澳洲有所貢獻，不管什麼膚色、什麼人種，澳洲的大門都為你敞開。

帶上你的財富與知識，快快來加入我們吧！

這種「開明」的政策，吸引一大批新移民，讓許多人忘記澳洲曾經的高傲。

在大家的共同努力下，澳洲成為整個南半球經濟最發達的國家。

這個曾經的「英國監獄」，如今人均GDP卻遠超英國。

既然有錢了，就可以玩玩藝術。

比如著名的雪梨歌劇院，還被聯合國評為世界文化遺產。

雖然澳洲在不斷進步，但還是有不少白人思想迂腐，依然覺得自己高人一等，整天嚷嚷著要把其他人趕出澳洲。

白人對澳洲的開發做出偉大貢獻，這是不爭的事實。但那些有著獨特傳統的原住民，還有其他吃苦耐勞的移民，也是澳洲不可缺少的「血液」。

澳洲篇・完

Fun 系列 053

國家是怎樣煉成的：
三分鐘看懂漫畫世界史【美洲等篇】

作　　　者──賽雷
主　　　編──邱憶伶
責任編輯──陳映儒
行銷企畫──詹濡毓
封面設計──李莉君
內頁設計──黃雅藍

編輯顧問──李采洪
董 事 長──趙政岷
出 版 者──時報文化出版企業股份有限公司
　　　　　108019臺北市和平西路三段240號3樓
　　　　　發行專線──（02）2306-6842
　　　　　讀者服務專線──0800-231-705・（02）2304-7103
　　　　　讀者服務傳真──（02）2304-6858
　　　　　郵撥──19344724時報文化出版公司
　　　　　信箱──10899臺北華江橋郵局第99信箱
時報悅讀網──http://www.readingtimes.com.tw
電子郵件信箱──newstudy@readingtimes.com.tw
時報出版愛讀者粉絲團──https://www.facebook.com/readingtimes.2
法律顧問──理律法律事務所　陳長文律師、李念祖律師
印　　　刷──富盛印刷有限公司
初版一刷──2018年12月14日
初版六刷──2023年3月14日
定　　　價──新臺幣300元（缺頁或破損的書，請寄回更換）

時報文化出版公司成立於1975年，
並於1999年股票上櫃公開發行，於2008年脫離中時集團非屬旺中，
以「尊重智慧與創意的文化事業」為信念。

國家是怎樣煉成的：三分鐘看懂漫畫世界史．美洲等篇
/ 賽雷作 .-- 初版 .-- 臺北市：時報文化，2018.12
　　192 面；17×21 公分 .--（FUN；53）
ISBN 978-957-13-7633-2（平裝）

1. 世界史　2. 漫畫

711　　　　　　　　　　　　　　　107020943

ISBN 978-957-13-7633-2
Printed in Taiwan